시와 사랑 Ⅳ

詩와 사랑 4 _ 늘 첫사랑의 기쁨을 꿈꾸는 이들을 위하여

2020년 02월 29일 초판 발행

지은이 | 박경철
발행인 | 박찬우
편집인 | 우 현
펴낸곳 | 파랑새미디어

등록번호 | 제313-2006-000085호
서울특별시 마포구 서교동 357-1 서교프라자 318
전화 | 02-333-8311
팩스 | 02-333-8326
메일 | adam3838@naver.com

가격 10,000원
979-11-5721-128-9 (04810)
979-11-5721-106-7 (세트)

詩와 사랑 Ⅳ

늘 첫사랑의 기쁨을
꿈꾸는 이들을 위하여

青死 박경철

서문

늘 첫사랑의 기쁨을 꿈꾸는 이들을 위하여

참사랑은 이 시대의 불순물이 되어버렸다고
말하는 사람들도 있지만 그래도 사랑만큼
세상을 아름답게 만들고 삭막한 인심을
곱게 해주는 것은 없다고 자부한다.
'사랑의 재개발' 이란 노래 가사가 재미있다.
… 딱 집어서 그대 거라고
내 맘에 박자를 좀 넣어줘요…
머리부터 발끝까지 모조리 싹 다 싹 다
갈아엎어주세요….
사랑은 하나인데 그걸 포기해 버린 사람들…
그게 지금 우리가 살아가는 삶의 방식이다.
싹 다 갈아엎어 버려야 하는데
어느 누구 하나 제대로 된 사랑을 하며
살아보자고 말하기를 꺼린다.
왜? 현실은 그게 아니라고,
그래 봐야 나만 바보 소리 듣는다고.
그래서 난 더더욱 미친 짓 같지만
단 하나의 사랑을 노래하고 또 노래한다.
여전히 나를 바보 같은 놈이라고 말하겠지만

결심했다. 진짜 바보가 되겠다고…
진짜 사랑은 분명 있다고…
그리고 그 사랑은 첫사랑의 기쁨으로
나를 살려줄 테니까…
나는 믿는다. 사랑 하나로 충분하다고.
진짜 사랑을 조건 없이 선물해주신
하나님께 감사드리며,
진짜 사랑의 모범을 보여주신 천국에 계신
아버지와 여전히 나를 사랑해 주시는
구순의 어머니, 늘 곁에서 한 마음으로
동행하는 내 사랑 에스더,
너무 사랑스런 아들과 딸, 사위와 며느리
그리고 얼마 전 태어난 너무 예쁜 손녀
현서에게 이 시집을 선물한다.
시 같지 않은 시를 빛나게 빚어 주시는
파랑새미디어 대표님께 뜨거운 감사를 드린다.

2020년 따뜻한 바람 불어오는 방화동에서

제1장 · 꽃과 소년

제2장 · 사랑의 환희

제3장 · 내가 사랑하는 사람

제1장

꽃과 소년

소녀야~

가을 사랑의 꽃

이야기 들어보았니?

조금 오래전

한 소년이 있었단다.

많이 아파서

늘 상처를 부둥켜안고

남에게 보이기 싫어

웅크리고 살던…

그런데 어느 봄날

은은한 향기의

들국화를 만났단다.

하나 되기

그리움 뒤로
눈물 흐르더니
낙엽 하늘하늘 춤추고
달빛 하늘 아롱거린다.
누구나 한 가지씩 갖는
그리움이겠지만
깊은 바다 진주 되어
밤하늘 별 되어 빛나고
너무 많이 울지 말라며
귓속말로 함께 울어주던
바람을 만나면
두 손 꼭 잡고 걷던 길은
어느새 노을 한 자락
곱게 물들이며
내일 아침 떠오를 해에
꽃은 피어나고
이슬 한 방울
꽃잎 위에 떨어진다.
하루 저물어
밤 더 깊어져도
집으로 돌아가지 않는

그리움이 멈칫 서성이다
그대 앞에 마주앉아
어둠이 내린 길을 잃는다.
오늘도 그리움 갖고 산다.

그리움이 멈칫 서성이다
오늘도 그리움 갖고 산다.

그대 내 안에

달나라만큼이나
멀리 있는 듯
바닷속만큼이나
깊이 있는 듯
손닿을 수 없는 곳에
안아줄 수 없는 곳에
머물러 있다 해도
그대 언제나
내 안에 있습니다.

안아줄 수 없는 곳에
머물러 있다 해도
그대 내 안에 있습니다.

하늘 그대

하늘을 닮고 싶다.

하늘을 품고 싶다.

하늘에 안기고 싶다.

하늘에 다 주고 싶다.

하늘과 함께 살고 싶다.

하늘과 얘기하고 싶다.

하늘을 노래하고 싶다.

하늘로 날아가고 싶다.

하늘과 사랑하고 싶다.

하늘에 잠기고 싶다.

하늘에 물들고 싶다.

하늘이 꽃이라 부른다.

하늘을 닮은 그대,

사랑해

언제까지나…

하늘을 닮은 그대,
사랑해

하늘 그리고 사랑

손끝에 닿을 듯 가깝습니다.
맑고 푸른 하늘
와락 품에 안길 듯
저쪽 하늘 밑 그리움
어깨동무하며
아낌없이 주는 나무처럼
하늘거립니다.
아~
하늘이여…
바람의 숨결 느낄 듯 느낄 듯
활짝 열린 웃음으로
친구보다 더 친밀한
만남을 재촉합니다.
하늘이 있어
구름이 아름답듯이
그리움 있어
사랑이 절절합니다.
여름을 보내는 시원한 바람이
끝없는 보고픔을 몰아옵니다.
파도가 있어
바다가 그리워지듯

그리움 있어

사랑이 목마릅니다.

모든 것 변해도 하늘은 여전히

한 사람을 안고

그 자리에 숨 쉬고 있습니다.

그 하늘에 당신을 담습니다.

그리움 있어
사랑이 목마릅니다.

한낮의 그리움 꿈꾸며

깜빡 잠들어 다녀온
이야기 동네가
생생하게 남아
눈앞에 아른거리네요.
정말 짧은 시간이었는데
많은 이야기들이 펼쳐지고
주인공인 당신과
오랜 시간 함께 대화했지요.
깨어있는 현실에서도
무의식의 꿈속에서도
매일매일 삶의 주제는
하나뿐.
부끄럽지도,
숨기고 싶지도 않은
참 고맙고 사랑스런
당신과의 만남.
자꾸만 잠들고 싶은 건
꿈길 마음 나눈 애틋함이
너무 하기 때문이지요.
세월 흐르고 흰머리 되어
추억을 먹고 살아가고픈

원초적 회귀본능이
함께한 시간들을
영화 필름처럼 돌리며
어제 함께하며
따스함을 느꼈듯
이 순간도 설렘으로
가슴은 콩닥거리며
늘 그립고
늘 함께하고픈 애절함을
노래에 실어 보냅니다.

매일매일 삶의 주제는
하나뿐.

한 사람만을

단 하나의 사랑을 위해
기쁨 주기 위해 달린다.

다시 태어날 수 있다면
정말 바보 같은 말이지만
다시 태어난대도
지금 가슴시린 사랑 찾아
달려가리라.
순간순간 왜 이렇게
심장이 쿵쾅이는지
감당할 수 없는
설렘과 떨림이
오늘을 살게 한다.
다시 태어나도
단 하나의 사랑을 위해
첫사랑으로 주었기에
울컥하고 미안한 마음
힘겹고 고통스러워
회복의 날로 가는 길이
처절한 전쟁이다.
심장에 비수를 맞아도
피눈물 닦아가며
나를 내어 준 사랑에게
건강하고 아름다운

꽃의 향기 기대하며

기쁨 주기 위해 달린다.

나도 사랑받고 싶다

세상 다 얻은 것 같은
그런 사랑,

엄마 탯줄 붙잡고
당연한 듯 누린 사랑
생각해보니
본능적 사랑임을.
그 사랑 이후
갈망하던 사랑은
잊어버렸을 수 있지만
사무치는 쓰라림은
언제쯤 다시
엄마 품에 안길 수 있을까.
엄마 사랑이
희미한 기억 속에
한 겹 두 겹
자리 잡기 시작할 때쯤
그냥 주기만 했는데.
그래서 즐겁고
그래서 후회 없었는데
마냥 주기만한 가슴에
언제부터 구멍 뚫리고
눈물 고이기 시작했지.
사랑은

무조건 너에게 줄 때
이유 없이 행복하지만
너에게 사랑을 받아야
고인 눈물 마른다는 걸
다시 눈물 흘리고
무지개 색안경 쓰고
보게 되었다네.
나도 이제 가슴 뛰고
세상 다 얻은 것 같은
그런 사랑,
나도 그 사랑 받고 싶다.

나에게 그대는

오늘도 마음의 길목에서
그대를 기다리고 있습니다.

연락이 없어도
매일 만나지 못해도
언제나 함께 하는 사람
동행하기에 힘들어도
현실이 너무 괴로워도
지쳐 쓰러져도
다시 일으켜 세워주는 사람
늘 함께하고픈 사람
오늘도 마음의 길목에서
그대를 기다리고 있습니다.

그대 있음에

한기 가득한 밤을
포근히 만들어준다.

축 처진 마음이
물에 젖은 솜처럼
무겁기만 한데
순간 휘젓는 바람이
마른 땅을 오라하고
안개 자욱한 거울 속에
희미하게 드러난 얼굴이
한기 가득한 밤을
포근히 만들어준다.
언제 봐도 따뜻한 얼굴
감싸주고픈 얼굴
나만 바라봐주는 얼굴
미소가 아름다운 얼굴
어느새 넋을 잃고 말았다.
그대 있음에…

내게 사랑은

마음을 내어줄 수 있는
고귀한 당신이 있다는 건
정말 행복한 겁니다.
매일 당신을 그리워한다는 건
무엇과도 바꿀 수 없는 기쁨입니다.
아카시아 향기보다 진한
당신의 내음을 간직하는 것은
가장 소중한 선물입니다.
하루를 천년같이 당신을 품는 것은
피눈물 흘리며 삶의 애착을 가꾸는
말로 다 할 수 없는 간절함입니다.
보고 있어도 보고 싶고
시간 흐를수록 더 생각나는 건
눈물겨운 설렘입니다.
눈을 감아 침묵을 지키고 있어도
서로의 마음을 알아차림은
이 세상 가장 따뜻한 믿음입니다.
언제까지나 당신을 바라보며
당신 곁에서 잠들고 싶은 마음은
끝 날까지 심장 뛰게 만드는
가장 뜨거운 갈망입니다.

내 삶에 한마디만 해야 한다면

망설일 것도 없이

당신을 사랑한다고 말하겠습니다.

끝 날까지 심장 뛰게 만드는

가장 뜨거운 갈망입니다.

노래할 수 있음이

노래할 수 있음이
행복입니다.
지난밤 안녕이 고마운 콧노래는
하루를 기분 좋게 합니다.
이미 오늘은
노래의 선율 위에 앉아
희망의 날갯짓으로
맘껏 기지개를 켭니다.
노래할 수 있음이
행복입니다.
우리만의 세계에 빠져
고개 끄덕이며 듣는
익숙한 멜로디는
긴 기다림을 채워주는
맞춤 친구니까요.
노래할 수 있음이
행복입니다.
하루를 접으며
참 좋은 쉼을 부르는
따뜻한 자장가 소리는
피로를 날려주는

내일을 위한
사랑스런 동행이니까요.
오늘도 노래할 수 있음이
행복입니다.
알죠?
노래 속 주인공은
당신이란 걸…
그래서 노래할 수 있음이
더 큰 행복입니다.

알죠?
노래 속 주인공은
당신이란 걸…

고마워요

사랑하는
그대 곁에 있어
정말 고맙고
내 곁에
사랑하는 그대 있어
더 많이 고마워요.
잠깐의 기다림 아프지만
크나큰 사랑이기에
더더욱 고마워요.
하루 순간순간
생각도 마음도
함께할 수 있음이
고마워요.
고마운 그대
그대만 바라보며
걸어갈게요.
하늘나라 가는 날까지.

잠깐의 기다림 아프지만
크나큰 사랑이기에
더더욱 고마워요.

그날

그대 사랑하는
내 마음,
가을을 맞이하는
햇살 품은 푸른 하늘
그곳에 기대고픈
동화 속 어린 소년
무지개 빛깔 꿈꾸는
깨어나기 싫은
그리운 마음.
아침엔
그대의 입맞춤으로
눈을 뜨고
저녁엔
그대를 안아주며
잠드는
소꿉장난과도 같은
행복한 날들.
그날,
둘이서 늘 함께하는
그날.

그날,
둘이서 늘 함께하는
그날.

그 사람

잔잔한 미소로
꽃 피우는 사람.
지긋이 눈감으면
별빛도 달빛도
보이지 않는 사람.
애써 말하지 않아도
눈빛 하나로
날 향한 마음 들켜버린
정말 가녀린 사람.
인연을 우연으로 말하기엔
세상 둘도 없는
질긴 끈으로
꽁꽁 묶어버린
따뜻한 사람.
이름도 모르는
한적한 기차역
시골풍경 벗삼아
예쁜 여행하고 싶다.
그 사람과.
그 사람
내게 추억 같은 사람

내게 소녀 같은 사람

내게 꿈결 같은 사람

그 사람이 정말 좋다.

그 사람이 지금

내 곁에 있다.

내게 소녀 같은 사람
내게 꿈결 같은 사람

그게 당신이란 걸

해 넘어가는
어슴푸레 하늘에
별 하나 자리 잡기 전
먼저 떠오르는 얼굴
그게 당신이란 걸 알아요?
이 밤 지나고
아침공기 맞으며
잠에서 깨어나
얼굴 만져주고픈 사람이
환한 미소 당신이란 걸 알아요?
화장하지 않아도
흰머리 튀어나와 보여도
가장 편하고 여유로운
꿈결 같은 마음으로
안아주고픈 사람이
당신이란 걸 알아요?
숨어 눈물 흘리며
아파하고 힘들어할 때
살며시 다가가
손 꼬옥 잡아주고
입술 포개어 잔잔하게

가장 아름다운 말
'사랑해'를
들려주고픈 사람이
당신이란 걸 알아요?
보고 싶다
사랑한다
한 마디만으로도
웃음 묻어나고
온종일 행복한
생각만 해도
기분 좋아지는 사람이
당신이란 걸 알아요?
태초에 내 삶의 반쪽 되어버린
그 매력 있는 사람이
당신이란 걸 알아요?

태초에 내 삶의 반쪽 되어버린
그 매력 있는 사람이

그대는 꽃

꽃이 아름다운 건
꽃이기 때문입니다.
꽃이 향기로운 건
꽃이기 때문입니다.
꽃이 웃음을 주는 건
꽃이기 때문입니다.
꽃이 평안을 주는 건
꽃이기 때문입니다.
꽃이 희망을 갖게 하는 건
꽃이기 때문입니다.
꽃이 노래를 부르게 하는 건
꽃이기 때문입니다.
꽃이 삶을 긍정으로 만들어 주는 건
꽃이기 때문입니다.
꽃이 사랑을 주는 건
꽃이기 때문입니다.
그래서 꽃이 무조건 좋은 겁니다.

꽃이 아름다운 건
꽃이기 때문입니다.

그리움

오늘 하루
마음 편했구요.
푸른 하늘
많이 보았어요.
그대 위한 노래
맘껏 불렀구요
사랑한다고
엄청 외쳤어요.
바람이 전하더군요
그대 잘 있다고.
답장 띄워 보냈어요.
난 행복한 사람이라고.
그리움 속에
살며시 젖어드는 그대는
내 사랑이라고.

바람이 전하더군요
그대 잘 있다고.

그대는 나는

그대는 푸른 하늘 아래
일렁이는 바람에
파란 치맛자락 휘날리며
싱그러움 안겨 주는 파랑새.
찬란한 여름날
환호성과 함께
깊어진 가을동화의 터널로
갈색 매무새
단정히 다가와 앉았다.
별빛 차갑게 내리는
나무 아래
흔들 그네 출렁이며
낙엽 날리는 거리에
달려 나가야 하는
훈훈한 미소의
가을 사랑이어야 하리.
누군가 찾아와
달무리 반겨주며
깊은 잠에서 깨어나
추억의 책장 넘겨주고
콧노래 흥얼대게 해줄

세상 하나뿐인

사랑의 악사이어라.

찢기고 상한 마음

따스한 손길로 만져주고

두근거리는 가슴 열어

포옥 안아주고

내 전부가 되어준

그대는 고귀한 선물.

내 전부가 되어준
그대는 고귀한 선물.

그대를 사랑함은

조건 없는 위로를 발라주는
아름다운 손길.

나 그대를 사랑함은
깊이 감춰진
눈물어린 아픔과 상처를
만져주기 위함입니다.
아픔이 아픔을
상처가 상처를 감싸줄 때
사랑의 밀물 넘쳐오고
고통의 바다 잔잔해집니다.
몇 번을 두고
가슴의 끈을 동여매도
사랑이란
너무 아픈 상처에
조건 없는 위로를 발라주는
아름다운 손길.
아침 황금햇살 뒤에 숨은
잿빛 인생 구름도
심장 쥐어뜯는 애증도
그냥 안아줌으로
한줄기 눈물 나눔.
그대를 사랑함은
이루 다 말할 수 없는
행복의 절정.

바람(기대)

어제도
오늘도
그리고 내일도

그리움

만남

두 손 잡아줌

안아주기

보고 싶었다 말해주기

사랑해

어제도

오늘도

그리고 내일도

그대와 함께

숨 다하는 날까지

이렇게

또 이렇게

그대와 함께함이

변함없는 내 바람입니다.

꽃과 소년

소녀야~
가을 사랑의 꽃
이야기 들어보았니?

소녀야~
가을 사랑의 꽃
이야기 들어보았니?
조금 오래전
한 소년이 있었단다.
많이 아파서
늘 상처를 부둥켜안고
남에게 보이기 싫어
웅크리고 살던…
그런데 어느 봄날
은은한 향기의
들국화를 만났단다.
화려하지 않은
단정함이 좋아서
조금은 쑥스럽지만
편안한 맘으로 다가가서
친구가 되었대.
웃음을 안겨주는 이야기로
마음의 문 열어가며
하나 됨의 희열을
간직하게 되었어.

그런데 소년의
처절한 가슴이
꽃을 멍들게 했단다.
소년은 자책감에
피눈물 흘리며
모든 걸 포기하고 싶어졌대.
고통의 시간이 흐르고
꽃은 살며시 향기로 다가와
소년을 꼬옥 안아주며
웃어주었어.
꽃의 향기와 자태는
소년을 하늘 높이
날게 만들었고
꽃은 소년의 품 안에서
사랑의 묘약으로
다시 태어났어.
이렇게 꽃과 소년은
행복을 찾았지.
사랑은 오늘도
꽃으로 피어나고 있단다.
은은하지만
치명적인 사랑의 향기로…

꽃으로 피어나라

화려함이 아니어도 좋다.
향기를 날리는 꽃으로
피어나기만 해라.
너만의 향기로
나를 취하게 해라.
그것 하나만으로도 행복하니까.
풍성함이 아니어도 좋다.
마음을 울리는 꽃으로
피어나기만 해라.
너만의 미소로
나를 잠들게 해라.
그것 하나만으로도 충분하니까.
빗물이 아니어도 좋다.
심장을 적시는 꽃으로
피어나기만 해라.
너만의 눈물로
나를 닦아주어라.
그것 하나만으로도 촉촉하니까.
한마디 말 안 해도 좋다.
깊이 빠져들어갈 꽃으로
피어나기만 해라.

너만의 무언의 표정으로
나를 덮어주어라.
그것 하나만으로도 따뜻하니까.
숲이 아니라도 좋다.
한 그루 꽃을 피울 나무로
서 있기만 해라.
너만의 사랑 방식으로
나를 안아주어라.
그것 하나만으로도
이미 사랑에 빠졌으니까.

화려함이 아니어도 좋다.
향기를 날리는 꽃으로

바로 당신

당신의 눈물이
내 맘을 정화시켜 줍니다.
말하지 않아도
당신의 아픔을 압니다.
이 세상
가장 아름다운 액체는
당신의 눈물입니다.
그 눈물이 꽃을 피웁니다.
가장 향기로운
가장 아름다운 꽃
바로 당신의 얼굴입니다.
둘이 처음 만난 날
당신의 미소
활짝 웃음은
태양이 따로 없습니다.
훈훈한 기운
정이 넘치는 풍요로운 들녘은
바로 당신의 가슴이고요.
갖고 싶고
품고 싶은 보석은
당신의 마음입니다.

아름다운 사람
사랑스런 사람
바로 당신입니다.

가장 향기로운
가장 아름다운 꽃
바로 당신의 얼굴입니다.

바보 천치 인연

그대 아니면 안 된다고
견딜 수 없다고
질기게 버티며
그대와 엮여서
하나가 된 것이
이 세상 가장 좋은
인연 중 인연이라며
그대 창가에 얼굴을 기댄다.
하늘이 시샘을 해서
그대 손 놓아야 한대도
가슴 절절하게
그대와 함께한 날들
사랑 나무로 자라나
둘만의 추억의 길
가로수 되어
웃음 묻어나는 수채화 그리며
오직 그대만이
내 하나뿐인
사랑이라 말해야지.

그대와 함께한 날들
가로수 되어

보고 싶은걸

보고 싶은걸
어떡합니까.

보고 싶은걸
어떡합니까.
하루 온종일
당신이 보고 싶은걸
어떡합니까.
잠시라도 못 보면
죽을 거 같은데
어떡합니까.
상사병이라 해도
할 말 없구요
미쳤다고 해도
괜찮습니다.
두 눈이
머리가
마음이
심장이
보고 싶다 우는데
어떡합니까.
당신이 보고 싶어 죽겠는데
어떡합니까.
당신 보기 싫어질 때까지
죽도록 사랑할 겁니다.

사랑이

주는 것으로 행복하니까.
그게 사랑이니까.

알아요?

내 마음.

어젯밤 꿈에도

당신이었는데.

그 어디든

당신을 만나는 건

기쁨,

행복 바이러스 감염.

고백하고 고백해도

또 하고픈

들어도 들어도

또 듣고픈

"사랑해"

혼자만의 고백일지라도

오늘은

그리고 내일은

기대 하나만으로도

설렘 가득한 사랑앓이.

주는 것으로 행복하니까.

그게 사랑이니까.

사랑이

사랑이,
사랑이 아름다운 건
다 주어도 아깝지 않은
마음이 있기 때문입니다.
만나지 못해도
그 자리에 있는지
견딜 수 없는 궁금함.
사랑이 있는 풍경은
언제나 아름답지만
늘 행복을 꿈꾸기에
눈부시게 황홀한 만큼
가슴 시린 눈물의 노래.
애틋한 기쁨이
사랑을 만들어갑니다.

다 주어도 아깝지 않은
마음이 있기 때문입니다.

사랑앓이

순백 사랑앓이를
받아들일 겁니다.

새벽 공기 서늘함에
그대 품에 안기고 싶어집니다.
사랑을
눈물로 다할 수는 없겠지만
찢긴 아픔의 흔적은
덮을 수 있답니다.
안아 달라 떼쓰지 않아도
이미 그대는
내 안에 안겨있는걸요.
조금은 모자란
내 마음이지만
사랑할 수 있는
하늘 끝자리만큼은
다 품을 수 있는
넘치는 기쁨입니다.
사는 날 동안
아픔도 있겠지만
그래서 사랑은
더 깊이 여물어갑니다.
옷깃을 여미고
가슴 움츠려도

후회 없는 결정이
온기를 더합니다.
이 밤 지나고
내일이 오지 않아도
당신을 사랑하는 하나만으로
행복한 사람이라
노래할 겁니다.
넘어지고 깨져
상처투성이일지라도
마음속 솟아나는 샘물로
당신을 씻어주고
세상 끝날 것 같은
쓰라림 있어도
당신이 곁에 있으므로
순백 사랑앓이를
받아들일 겁니다.
사랑합니다.
당신만을…

사랑으로

어둠의 그림자
훌쩍입니다.
태양 아래
그토록 아름다운 자태
흑암에게 빼앗긴 설움으로
상실의 노래 흐릅니다.
하루를 접어주는
안식의 품에서도
가슴 저린 그리움은
사라지지 않고
먼 하늘 석양 아래
만남을 기다리는
진물 나도록 보고픈
연가로 다가오고
빈 가슴 채워 웃음 짓는
한 사람을 부릅니다.
아픔이 다가와 눈물 흘리면
사랑의 열정으로
다시 채워주며
늘 불러주고픈
작은 사랑의 시로

깊어가는 밤
그리움의 눈물을
밤새워서라도
곁에서 흘려 줄 겁니다.
사랑으로.

그리움의 눈물을
밤새워서라도

사랑의 꽃이라 부른다

햇살이 눈부시다.
여름 내내 지켜왔던
초록 잎새들은
가을 햇빛 머금어
금빛 옷으로
갈아입기 시작하고
길게 늘어지는
시간의 그림자를 쫓아간다.
한층 두꺼워진 옷 입은
사람들의 표정은
따뜻한 자리를
이리저리 오가며
가을이야기 만들어 갈
상념에 젖는다.
사람은 계절의 끝을
붙잡고 가는
철부지 어린아이
순진한 동심인 것을
바람에 자신을 맡긴 채
자유로 뒹구는
낙엽을 바라보며

고개를 끄덕인다.

그래서

흑백사진 추억 물드는 계절에

화사한 꽃밭이 더 그리운 것.

햇살 춤추는 푸른 하늘과 함께

어김없이 품으로 날아와

향기로 안기는 당신을

사랑의 꽃이라 부른다.

향기로 안기는 당신을
사랑의 꽃이라 부른다.

사랑의 진실

부슬비 내리는
가을을 재촉하는 아침
여유로운 쉼을 누리며
시끄럽던 자동차 소리도
오늘은 정겹기만하다.
내 한 사람을 향한
잔잔한 그리움만이
온몸을 감싸며
장밋빛 인생이 무언지
잘은 몰라도
장밋빛 사랑은
알 수 있을 것 같다.
지독한 외로움 타는 사람에게
웃음 안겨준 사람
바라볼 수 있음이
가장 복된 삶이기에
고독하지 않은 인생
맞이할 수 있으리.
초라한 삶이란
사랑할 수 있는,
사랑을 해줄 사람도 없는

가슴 아픈 존재라는 걸
당신이 알려주었고
인류 시작 그 순간부터
사랑은 가장 아름다운
최고의 걸작이기에
세상은 지금도
사랑 때문에 울고 웃고
행복을 이야기하고 있다.
한 사람만을 위한
온 가슴 내어주는
순정적인 사랑은
한 송이 꽃 피우기 위해
땀 흘리며 눈물을 심는다.
벅찬 그리움으로.

한 송이 꽃 피우기 위해
땀 흘리며 눈물을 심는다.

사랑이라는 것이

난 압니다.
그대와 함께함이
얼마나 큰 행복인지를.
난 알 수 있습니다.
그대에게
아낌없이 주는 것이
얼마나 큰 기쁨인지를.
눈물겹도록 받았으니까요.
난 압니다.
사랑한다는 한마디가
큰 위로와 격려라는 걸.
그런 사랑 받았으니까요.
사랑에 아파본 사람은
사랑에 울어본 사람은
사랑의 진실을 압니다.
사랑이란
보고 싶을 때 책상 서랍 열어
추억을 먹으며 웃음 짓는
빛바랜 흑백사진 같은
마음에 심어둔 그리움.
그대를 만난 것이

우연이라 말해도

인연의 끈으로

사랑이라는 이름이 되어버린

단 하나의 사람.

그래서 가슴 벅차고

언제까지 그대를

사랑하며 살아갈 겁니다.

사랑에 울어본 사람은
사랑의 진실을 압니다.

색깔 사랑

사랑은 여러 가지 색깔로 다가온다.
사랑은 사랑이다.

색깔로 마음을 표현한다면
한눈에 빠져버린
사랑은 연분홍
죽어도 너 아니면 안 되는
사랑은 빨강
사랑을 잃어버려 아파하는
사랑은 자주
내 마음 몰라주는 서러운
사랑은 군청
애태우며 눈물을 흘리게 하는
사랑은 파랑
무엇인지 모르게 혼란스러운
사랑은 까망
말이 없어도 눈빛 하나로 아는
사랑은 노랑
사랑은 여러 가지 색깔로 다가온다.
그 어떤 사랑이라 해도
사랑은 사랑이다.
가슴을 쥐어짜는 절절한 사랑으로
깊어가는 가을맞이하고 싶다.
너무 행복하기에…

시작

이렇게 시작은
아프기만하다.
그래도 다시 시작이다.

다시 오늘
어제를 보낸 시간이
눈물 자국으로 남았다.
언제나 그랬듯
시작은 아련함으로
아픔을 새긴다.
무엇을 했는지
어디를 지나왔는지
먹먹한 가슴이
한 겹 두 겹 쌓여가며
찬 공기를 가르고
깊어가는 밤을
억지로 깨우고 있다.
끝을 보기 위해서라면
한숨이 밀려온대도
또 한 번 마음을 찢어
사랑한다고
사랑할 수밖에 없노라고
울고 또 울어야 한다.
이렇게 시작은
아프기만하다.
그래도 다시 시작이다.

서로에게

힘들 때
외로울 때
지쳐 쓰러지고
무너져 내릴 때
그저 말없이
바라만 보아도
힘이 되는 사람이 되고
어쩌다 한 번씩
힘겨운 삶의 무게로
가슴마저 쓰릴 때
살며시 안아주는
위로의 사람이 되자.
조건이 따르는 사랑에
울고 웃는 모습 말고
주는 것 받는 것
있는 그대로 기뻐하며
지난 기억
가끔 생각날 때마다
미소 넘친 표정으로
고개 끄덕이는 사람이 되자.
언제 어느 때

견딜 수 없는 아픔 올 때
서로에게 달려갈 수 있는
그 거리만큼만 떨어져
다함이 없는
사랑의 언약으로
기다리고 또 그리워하며
눈물 나도록 보고 싶은 사람,
그대와 나
언제까지나 한결같은
멋진 연인이 되자.

서로에게 달려갈 수 있는
그 거리만큼만 떨어져

시작이자 마지막

갑자기 내린 빗줄기
처마 밑에 서서
떨고 있을 때
내 우산이 되어주면 좋겠네요.
지금처럼
이토록 마음 따뜻하고
설렘으로 행복한 날이
사는 동안 얼마나 될까요.
오늘이 지나 삶이 끝이라면
오늘 역시 당신을 사랑할 겁니다.
오늘이 생의 마지막이라면
당신이 허락하지 않아도
당신만을 사랑하고 떠날 겁니다.
흐르는 강물 잡을 수 없듯
내 마음
당신에게 흘러갑니다.
당신을 사랑해도 되냐고
묻지 않을 겁니다.
어디가 끝인지 몰라도
햇살에 튼실해가는
달콤한 열매처럼

익어가지 않는다 해도

후회도 아파하지도 않을 겁니다.

늘 그랬듯

오늘을 인생의 마지막이자

시작으로 살아가기에

마음 닿는 대로 당신을

사랑할 겁니다.

오늘이 지나 삶이 끝이라면
오늘 역시 당신을 사랑할 겁니다.

아침 사랑 노래

오랜만에 누려보는
깊은 휴식의 세계
새로운 아침
새 깃털처럼 가볍고
행복의 호흡은
시원스레 열린다.
지친 몸 쉼을 얻듯
얼룩진 마음의 흔적은
활짝 열린 이 아침
사랑으로 치유되며
한 마디 따뜻한 고백으로
힘차게 펼쳐집니다.
어둠의 뒷골목
서성이던 발걸음은
이미 하나 된
서로를 향한 손길로
마음 깊이 자리한
어여쁜 사랑 보듬고
말 없어도 눈길로 느끼며
두 손 잡았습니다.
늘 맞이하는

아침의 태양이지만
오늘은 왠지
더 진한 사랑 노래로
마음을 울립니다.

활짝 열린 이 아침
한 마디 따뜻한 고백으로

알아요

빛을 발하는 양초처럼
사랑도 많이 아파하고

자신을 녹여
빛을 발하는 양초처럼
사랑도 많이 아파하고
눈물이 있어야
온전한 사랑이 된다는 걸
알아요.
그리움 없는 사랑은
더이상 아름답지도 않음을
너무 잘 알아요.
당신의 향기가 밀려오며
마음을 녹이는
보고픔의 시간마저도
당신을 사랑하는
마음 하나만으로 행복합니다.
함께 있을 때는 함께여서
가장 행복하고
볼 수 없을 땐
그리움 가득 행복합니다.
사랑은
아름다운 행복입니다.
당신이 있어…

행복한 사람

오늘 하루도
정말 행복했습니다.
춤추는 새들 날갯짓에
그대 모습 나타나고
바람에 흩어진
비에 젖은 낙엽의
쓸쓸한 모습 속에
애타는 가슴의
나를 찾았습니다.
사랑하는 사람의 맥박은
머리에서 뛴대요.
그래서 얼굴을 숨길 수 없대요.
거울 속 보이는 내가
무척 행복해 보입니다.
당신 너무 소중하다고…
당신 정말 사랑한다고…

거울 속 보이는 내가
무척 행복해 보입니다.

애심

그대의 마음
누구를 닮았을까.
코끝에 와 닿는
바람이 말해주네.
하늘을 닮은 향기라고.
여리고 여린
마음과 눈물
짜증날 만도 한데
먼 하늘 바라보며
삭히는 얼굴에
애틋함과
연민의 정 묻어난다.
마음은 이미
모든 걸 품었는데
삶의 무게가
정겨운 표정 앗아간다.
고맙고 미안하다는 말 밖에
줄 것이 없다면
더 아팠을 텐데
처음부터 모두 내어준
사랑한다는 말을

도저히 아낄 수 없다.

늦여름 햇살이

등 뒤를 뜨겁게 하며

계절을 다 누리고

바람에 뒹구는 낙엽이

뜨거운 가슴을 부른다.

천 번 만 번

사랑한다 말해도

그대 원초적 보물을

다 표현할 수 없겠지만

여전히 그대를 향해

달려가는 나는

정말 그대에게

밉지 않은 바보이고 싶다.

제2장

사랑의 환희

수많은 사람들

제각기 바쁘다.

홀로인 듯 보이지만

친구에게 연인에게

이야기를 나누고 있다.

살아있음은 누군가를

갈망하는 것,

함께함의 희열을

누리고 싶은 열망.

여름날 사랑

잔뜩 움츠린 졸린 얼굴
하늘이 내려앉을 듯
연거푸 하품 쏟아내고
끈적거리는 살갗은
찝찔한 땀 내음으로
진한 그리움 몰고 온다.
행복한 삶이 뭐냐 물어도
대답할 수 있는 건
오늘도 내 안에 숨 쉬는
사랑의 노래 때문.
계절이 몇 번 바뀌어도
변할 수 없는 건
오늘도 사랑으로 살아가는
스스로의 위로 때문.
여름은 사랑으로 깊어간다.

계절이 몇 번 바뀌어도
변할 수 없는 건
오늘도 사랑으로 살아가는
스스로의 위로 때문.

여름은 떠나가고 있다

끈질기게 늘어섰던
땀 흘리던 계절의 함성도
서늘하게 다가오는
바람의 물결 따라
꼬리를 감추며 숨는다.
누군가 심어놓은
그리움의 꽃 한 송이
계절의 끝을 붙잡고
내일의 희망을
간절하게 부르는
하늘 아래 착한 사람으로
먼 훗날이 아니라 해도
다정스레 두 손 내밀어
웃음을 약속하며
그리움을 잠재워야 하는
예민한 기도의 무릎.
그렇게 여름은 떠나가고 있다.

예민한 기도의 무릎
그렇게 여름은 떠나가고 있다

여름을 보내며

여름이 안녕하며
지나갑니다.
보내기 싫은 마음은
처음 사랑이
한여름의 태양보다
더 뜨거웠기에
가을의 문턱이
그리도 서러웠나 봅니다.
눈물은 서로를 안아준
온기로 마르고
가슴 시린 지난날
아픔과 상처는
따스한 한마디 말로
심장을 적셔주며
삶의 의미 찾아준
고귀한 선물로 심긴
그대의 진실은
숨길 수 없는
한결같은 따스함이기에
보내는 계절은
추억이 아닌

새로운 계절 속에서
더 깊이 성숙할
진행형의 만남입니다.
여름 가고 가을이 와도
꽃은 여전히
내 안에서 피어나는
마지막 사랑입니다.

진행형의 만남입니다.
여름 가고 가을이 와도

고통
-내가 먼저 이 세상 떠난다면-

시간이 흘러도
흘러가지 않는
샘물이 있다.
떠내려 보내야 산다는데
둑이 이미 탄탄하게 쌓여
바늘구멍도 허락하지 않고
깊이 잠겨만 간다.
이리저리 얻어맞아도
내 사랑이 자리하니
아프지 않은 고요함
엄청 뜨거운 마음이다.
계절은 어느덧
기나긴 어둠이 싫어
아침 하늘을 빨리 보이며
민낯을 드러내고
태양을 기다리는데
두 손 잡아 안아주지 못하는
내 삶의 전부인 당신을
어쩔 줄 몰라 하며 눈물짓는다.
바라보지만 말할 수 없고
말을 하지만 함께 못 하는

내 숨을 거두어 가는
하늘 아래 별리가
심장 가득 헤어나지 못하는
찢어지는 아픔으로
하루를 시작한다.
아파도 사랑이며
눈물 나도 그리움이다.
이렇게 너와 나
고통 속에 익어가고 있다.

아파도 사랑이며
눈물 나도 그리움이다.

그대 있음에 2

그대 있음에
맑은 웃음 지을 수 있고
그대 있음에
내일의 희망 간직하여라.
하늘엔 둥근 달
사랑으로 포옹하고
반짝이는 별들은
꿈속에 젖어드네
이 세상 끝에서도
두 손 잡은 그리움
풀벌레 울음으로
만남을 노래하리.
그대 있음에
평화의 소리 울려나고
그대 있음에
사랑은 오늘도
꽃으로 피어나리.

그대 있음에
사랑은 오늘도

그대가 있어서

사랑을 위해
줄 수 있다는 건
행복 중 행복.

아침 햇살이 정겹다.
시원해지는 가슴과 생각.
입가엔 미소.
사랑을 위해
줄 수 있다는 건
행복 중 행복.
끊임없이 주고픈 마음은
무얼 준다 해도
아깝지 않은 감격.
작은 소망 담아 기도한다.
늘 맑고 밝은 미소로
동행하기를…
바라만 봐도 사랑스런
예쁜 감동 밀려오고
그리운 가을하늘
푸르름 준비하는 마음에
한 모금 햇살 몰고 온다.
행복하다.
그대가 있어서…

그리움이

눈 깜빡할 시간
그리움 몰아오고

눈 깜빡할 시간
그리움 몰아오고
사진첩 넘겨가며
지난 시간 추억
입가에 미소 맴돈다.
늘 가까이 있어도
또 보고 싶은 마음이
혼자만의 느낌은
아니겠지만
솟아나는 기쁨
감출 수 없다.
소풍 기다리는 아이처럼
포근히 안아줄
그 날 기다리며
활짝 웃는다.

기다리는 사랑

새벽하늘
별빛 지우개를 기다린다.

보고 싶어
너무 보고 싶어
견딜 수 없다는 고백이
오늘 더더욱 가슴을 찌른다.
보고 싶다는 그 한마디
오늘따라
더 깊은 그리움으로
눈을 감게 하는데
하루만 참으라고,
기다리라는 한마디에
미친 그리움을 불러
말릴 수 없는
설렘으로 살게 한다.
사랑을 꽃피우기 위해
끝없는 그리움을 키우고
그리움 잠시 내려놓은 곳마다
눈물자욱 남기고
흩날리는 외로움의 흔적을
지우기 위해
새벽하늘
별빛 지우개를 기다린다.

기억

하나
단 하나
다른 건 없고
되돌릴 수 없는
시간 속의 그대가
가슴을 붙들고
눈물짓습니다.
함께한 날이
아파서가 아니라
지나간 시간이
행복하기 때문입니다.
살아온 게 그대 때문이라면
살아갈 힘은 사랑인데
온 맘으로 그대를 품어도
현실의 고통이
하루를 힘겹게 하고
다가오는 밤을 슬프게 합니다.
기억 속으로 가야 한다면
깨어나지 않을 꿈으로
두 눈 꼭 감아 그댈 부를 겁니다.
처음에도 그랬고

한결같은 설렘을 안겨 준
그 무엇과 바꿀 수 없는
소중한 선물이라고 말할 겁니다.
내 기억은 그대를 사랑하는
단 하나뿐인 행복이라는
변하지 않는 마음입니다.
기억, 그건 사랑입니다.

지나간 시간이
행복하기 때문입니다.
살아온 게 그대 때문이라면

꿈길사랑

당신을 부릅니다.
아주 작은 소리로.
마음의 소리는
하늘이 울릴 만큼.
눈을 떴을 때
눈가가 촉촉합니다.
어떤 꿈인지는
기억나지 않네요.
거울 속 얼굴에 겹쳐 지나가는
당신의 모습을 보니
아마도 당신이
주인공이었나 봅니다.
스토리도 모르겠고
얼만큼 꾸었는지 몰라도
답답하지 않고
싫지도 않아요.
당신 꿈을 꾸었다 생각하니
그냥 하루의 시작이
흥이 납니다.
재미난 생각을 해봅니다.
당신이 내 꿈을

이어서 꾸면 어떨까.
생각만으로도
입가에 미소 폭발입니다.
어린아이는 아침에 일어나면
미주알고주알
엄마에게 꿈 얘기를 하며
목청을 높이고 으쓱댑니다.
당신에게 그러지는 못하지만
지금 마음만큼은
그 이상입니다.
유치한 발상이라고 해도
내게는 진실이니까요.
이렇게 당신과
하루가 엮이는 게
정말 고맙고
행복하고 즐겁습니다.
당신을 사랑합니다.

당신이 내 꿈을
이어서 꾸면 어떨까.

나 그대에게

꾸민 마음 아닌
있는 모습 그대로
그대를 안아줄게요.
화려한 말
달콤한 언어의 기술 아닌
촌스럽고 투박하지만
한결같은 진실 하나로
언제까지나
그대의 마음 깊이
들어갈게요.
늘 그랬지만
미치도록 보고프면
앞뒤 가리지 않고
그대의 체온이
남아있는 곳으로 달려가
헐떡거리는 그리움의 숨결을
맘껏 토해내렵니다.
가을이 그리운
여름에 지친 나무의
흔들림 바라보며
눈가에 맺힌

그리움에 젖은 이슬로
그대 이름 적어
가슴 깊이 묻어두고
바람 부는 그리움의 길을
상쾌하게 걸어가렵니다.

그리움에 젖은 이슬로
그대 이름 적어

다 그런 거야

인연을 기다리지 말고
찾아가라는 의미를
이제야 알 것 같다.
웃음이 물러간 날에는
화창한 하늘 아래
끝없는 꿈이라 하고
눈물이 밀려온 날에는
푸른 숲 기운으로
가슴을 정화시킨다.
가슴 뭉클한 인연을
행복하다 노래하면
함께한 사람의
숨소리마저도
그리움에 울었던
행복으로 되살아오고
품어줄 수밖에 없는
가슴 따뜻한 사람이기에
이음줄 동여매고
오늘을 걸어간다.
삶이
사랑이

인연이

다 그런 거야.

인연을 기다리지 말고
찾아가라는 의미를
이제야 알 것 같다.

다시 만난 가을에

지루하고 끈끈한 계절이
작별을 노래하며 떠나가고
낙엽으로 설움을 대신한다.
구름 한 점 없는
파란 하늘 터뜨려
그리움의 비라도
내릴 수 있다면
이렇게 고개 숙이지 않을 텐데
보고파 견디지 못하며
풀어헤쳐진 심장에
사랑이라는 꼬리표를 달고
점점 깊어가는 가을
낙엽 밟히는 세상으로
달려가고 있다.
조금만 더
추억을 곱씹고 싶어서.

사랑이라는 꼬리표를 달고
점점 깊어가는 가을

당신을…

당신을
이렇게 부르고 싶습니다.
수선화…
생명의 약진
그리고 물망초…
연둣빛 야생초…
초록빛 버드나무 잎새…
아카시아 향기…
재스민…
진한 들장미 내음…
조각구름 걸터앉은 미루나무…
꿀의 원천 고마리 꽃…
상큼 달콤 사과…
신선한 산부추…
갈대…
그대는
이미 모든 것이 되었습니다.

당신을
이렇게 부르고 싶습니다.

당신, 내 연인

언제나 당신이
첫사랑이자
마지막 사랑이기를
기도합니다.
소박한 소망은
당신이 아프지 않게
오랜 날 동안
웃음으로 가는 동행입니다.
손잡아주지 못함이
아쉬움일지라도
당신이 내 곁에 있는 게
더 큰 기쁨입니다.
한마디 말
귀여운 몸짓조차도
당신의 마음
더 깊이 알아가는
선물이기에
좋은 순간만
기억하며 살아도
더 누리지 못할 행복,
사랑의 진실입니다.

지금도 이렇게
당신을 노래합니다.
내 연인이라고…

첫사랑이자
마지막 사랑이기를
기도합니다.

독백

끈적거리는 공기
후끈한 바람
지쳐 졸고 있는 하늘
그리움에 지친 얼굴
또다시 저무는 하루
매일 밤 눈물로 짜낸 정념
다시 되돌아온 일상
가슴 저미도록 캐내는 그리움
부럽기만 한 연인의 손잡음
함께 떠나고픈 여름 탈출
고개 숙이는 외로운 남심
음악에 몸을 맡기는 고독
지금 이 순간에도
토해 내는 깊은 한마디,
보고 있어도 보고 싶다.
죽도록 사랑한다.

고개 숙이는 외로운 남심
음악에 몸을 맡기는 고독

부르고… 말하고…

아주 많이
침이 마르도록
불러주고 싶은 이름.
한밤중 그리움
기쁨에 젖어
지쳐 쓰러져서
수없이 부르는 이름.
언제나 그랬듯
떨리는 마음이
그대에게 다가가기 전
빈 하늘에 소리 없이
사라져 버려도
이젠 마주앉아
두 손 꼭 잡은 따스함으로
말해야겠다.
너무너무 사랑한다고.

말해야겠다.
너무너무 사랑한다고.

당신의 모든 것이

정말 사랑스럽다.
무슨 말을 해도…
어떤 행동을 해도…
당신에게 빠져버린 게 맞네요.
어쩌다 마주친
만남이 아니라
늘 가슴을 설레게 한 당신은
이미 오래전
내 전부가 되었습니다.
엄청난 아픔이
폭발한 날에도
당신 얼굴 보면서 달랬습니다.
우리의 삶 다르다 해도
하나의 공통점이 있네요.
첫정을 버리지 못하는 것.
그건 정이 아니라
사랑이 되었거든요.
오늘도 당신 때문에
숨을 쉽니다.
아무리 짧은
숨가쁨이라 해도

가슴의 눈물은
그대의 넓은 옷깃으로
훔칠 수 있습니다.
그 어떤 모습이라 해도
사랑할 수밖에 없습니다.

이미 오래전
내 전부가 되었습니다.

보고 싶다

하루
이틀
그리고 사흘
시간의 열차는
뒤돌아보지 않고
힘없이 달려간다.
간이역이라도
잠시 멈출 수 있다면
휘파람 불어주며
눈웃음으로 안아줄 텐데.
하루하루 쌓여만 가는
목마른 그리움은
낯간지런 예쁜 추억을
하나둘 끄집어낸다.
이래도 저래도
정겨운 사연은
바보 같은 사랑으로 태어나고
자꾸 커져만 가는 사랑을
목 놓아 부른다.
보고 싶다.
너무 보고 싶다.

정말 보고 싶다.

보고 있어도 보고 싶다.

정말 보고 싶다.
보고 있어도 보고 싶다.

보고 싶을 땐

당신이 죽도록
언제나 눈에 밟히면
어떡해야 할까요.
사랑이란 녀석이
보고 또 봐도
또 보고 싶은 게
사랑인가 봅니다.
흔히 하는 말처럼
그놈의 콩깍지가
처음부터 제대로 덮여
가슴을 간지럽힙니다.
벗기고 싶지도 않지만
보고 싶을 땐 봐야
가슴이 울지 않을 거 같아요.
허덕이는 영혼에게
생수가 되어 준 당신은
오아시스입니다.
당신이 보고 싶을 때는
노래를 부릅니다.
멜로디 속에서
훨훨 나는 당신은

어느새 내 안에

큰 쉼표가 되었습니다.

그래도

당신이 보고 싶으면

한 편의 시로

시원하게 달려갑니다.

당신이 보고 싶으면

한 편의 시로

시원하게 달려갑니다.

불치병

시간이 흐를수록
날이 갈수록
가을 찬바람에 가슴 휭하니
그리움보다 더 아리게
자꾸 눈물이 흐를 것만 같아
머리를 감싸 안는다.
세상과 이별하는 불치병은
가는 사람은 고통도 없이
남은 이들 눈물 나게 하고
다음 세상에서 만남을 소망하며
고이고이 추억을 접어
함께 보낸다.
이 세상 또 하나의 불치병은
살아 숨 쉬며
고통의 과정을 겪어야 하는
정말 아프지만
그 안에 기쁨이 있고
죽을 것만 같은 순간이지만
보람이 있고
미칠 듯 찢기는 마음이지만
행복이 있다.

복받치는 울컥함을 억눌러도
고칠 수 없다.
육신을 죽이는 불치병은
혐오스럽지만
사람을 살리고
살맛나게 하는 고질병은
쓰리고 아파도
안고 가고 싶은 동행자다.
오늘도 나는
불치병을 행복하게 앓고 있다.

살맛나게 하는 고질병은
쓰리고 아파도
안고 가고 싶은 동행자다.

비 내리는 아침

하늘이 운다.
뜨거운 여름 재촉하며
한 발짝 더
비 내린 숲으로 가려
바람을 몰고 온다.
코끝이 찡하고
손발이 시려 오며
따뜻한 가슴 부르는
사랑 노래 귓가를 맴돈다.
지친 몸과 마음이
그렇게도 기대고 싶은
상냥한 님에게
투덜투덜 투정부리며
아무 말 없이 안기고 싶다.
오늘 같은 날
거리의 다정한 연인들
우산 받쳐 든 어깨동무 모습이
심장의 온도를 올려주며
행복을 아낌없이 전해주고
정인의 있는 그대로
너무 아름답고 소중한

무엇과도 바꿀 수 없는
혼자만의 선물로
내 안에 포근히 들어와 앉는다.

거리의 다정한 연인들
행복을 아낌없이 전해주고

사랑 바보

한 마디밖에 생각나지 않는
바보사랑을 하고 있다.
영원한 사랑바보.

가슴에 담아둔 말
긴말 필요 없는 마음
들켜버릴까 조바심으로
아끼고 다듬어 해주고 싶은데
생겨 먹은 게 투박해서
표정 숨기지도 못하고
건네는 한마디
사랑해.
예쁜 말로 감동 주고 싶은데
한걸음 달려 나간 진심은
심장 쿵쾅이는 사고치고
달아오른 낯으로 웃음 먹는다.
어떡하면 웃음 줄까
어떡하면 손 잡아줄까
숨김없이 다 주었는데
한 마디밖에 생각나지 않는
바보사랑을 하고 있다.
영원한 사랑바보.

사랑 행복 소망

세상을 움직이는 힘을
말할 수 있습니다.
사랑,

이별의 아픔을
겪어본 사람은
만남이 아름답고
얼마나 소중한지
알 수 있듯이
기다리는 일에
익숙해진 사람은
기다림의 가슴 시림을
너무 잘 압니다.
남몰래 눈물 훔쳐본 사람은
기쁨의 삶이
사랑 때문에 기쁨이란 걸
말하지 않아도 알듯이
사랑을 노래하는
절절한 심장을
늘 품고 사는 사람은
사랑 하나로도
세상을 움직이는 힘을
말할 수 있습니다.
사랑,
그것은 행복
그리고 소망입니다.

사랑스런 그대

아시나요
얼마나 당신을
사모하는지.
사랑하는 만큼
표현할 수 있다면
얼마나 좋을까요.
사랑은 추상이 아닌데
입술에 맺히는 말
너무 초라하네요.
그래도 전부를
보여줄 수 있다면
그 어떤 말이라도
하고 싶어요.
낙엽이 울고
바람이 시샘을 해도
하늘이 빗물로
울음을 대신해도
당신께 달려가는 심정
막을 수 없어요.
까만 밤을
하얗게 지새도

사랑하는 색깔
덮을 수 없어요.
오늘 아옹다옹
사는 모습 속에
상처 싸매주는 희망은
사랑으로 물들여진
연모하는 마음.
흘러가는 시간
너무 아쉬워
그대 향한 눈길
더 크게 뜨고
한 걸음 더 빨리
사랑스런 그대에게
달려갑니다.

사랑하는 색깔
덮을 수 없어요.

사랑아 2

부르지 않아도 들리는
이름.
눈빛으로도 들리는
소리.
가슴은 말한다.
한치 혀로 상처라면
차라리 침묵의 순간이
더 큰 위로 안겨준다.
그대의 얼굴 만지면
느껴지는 정감어림.
숨길 수 없는 열정
온몸으로 받아들여
하나 된 영혼을
땀으로 노래한다.
구름 위 걸어가듯
멈출 수 없는 두근거림은
황홀한 보금자리
준비하며
고백을 쏟아놓는다.
사랑아~
하늘빛 날갯짓으로

그대 품으러
바람에 그리움 실어
날아간다.

부르지 않아도 들리는
이름.
눈빛으로도 들리는
소리.

사랑은 가을하늘과 함께

내 안에 바람이 불어온다.
볼 간지럽히며 지나가는
야리야리한 녀석
용광로처럼 타오르는 심장에게
무쇠처럼 강한 인생을 살아보라고
쉬지도 않고 날아와 안긴다.
바람에 밀려가는 뭉게구름
때 이른 파란 하늘이 어색한지
저 멀리 풀어진다.
하늘은 하늘이다.
혼자만의 빛깔을 펼쳐놓고
어느 붓질이라도
다 받아들이며
수채화 한 점을 만들어 간다.
살아가는 건 여전히 미완성인데
뭐 그리 잘났다고
자기만을 고집하는지
천하를 다 품고 있는 저 하늘도
유유자적 부드러움을
보여주는데…
자신을 알지도 못 하고

제대로 사랑도 못 하는
정말 못난 인생에게
하늘은 묻는다.
피눈물 나는 심장으로
사랑해 보았냐고.
대답하고 싶다.
하늘을 닮은 그대에게
날 빠뜨리고 싶다고.
가시에 찔려
눈물로 아파해도
꽃을 사랑하고
안아주겠다고.
사랑은
가을 하늘과 함께 태어난다.

제대로 사랑도 못 하는
정말 못난 인생에게
하늘은 묻는다.

사랑은 아리다

그리움 밀려와
창문 열어
차가운 달빛 받아들인다.
그대 생각에
심장이 쿵쾅거려
그리움에 푹 젖은
설레는 숨소리 들킬까 봐
손으로 입을 가려도
세상은 이미
연정의 새싹으로 가득하고
별빛이 부러운
달빛 나라 꿈쟁이는
사랑은 그렇게 아픈 거라며
타들어가는 남의 속도 모르고
비라도 내리라며
구름 속으로 숨어버린다.
사랑은 너무 아리다.

사랑은 그렇게 아픈 거라며
타들어가는 남의 속도 모르고

사랑을 노래한다

한 사람만 생각하는
단순한 내 모습
뭉게구름 피어나듯
꿈나라 걸어간다.

누구나 아픔을 안고 살아가는
아픔의 시대이기에
아파도 아프다 말 못 하는 현실은
하나도 아프지 않은 불편한 눈으로
정적이 흐르는 방을 지키고 있다.
무엇 하나 이루어 놓은 것 없어
쉼을 누리는 게 사치스런 것 같아
미안한 마음 가득하지만
아주 짧은 시간이라도
눈감을 수 있는 건
크나큰 행복이다.
한 사람만 생각하는
단순한 내 모습
뭉게구름 피어나듯
꿈나라 걸어간다.
행복한 사람이라고 고백할 수 있음도
언제 어느 곳에서도 함께하며
나만을 바라봐 주는
한 사람 때문이다.
오늘도 나는 사랑을 노래한다.

사랑의 환희

수많은 사람들
제각기 바쁘다.
홀로인 듯 보이지만
친구에게 연인에게
이야기를 나누고 있다.
살아있음은 누군가를
갈망하는 것,
함께함의 희열을
누리고 싶은 열망.
마음으로 품어
입술로 전해주며
가슴으로 안아
눈물로 고백하는
작은 소원.
바보 소리 들어서
아픔이었다면
첫 스침에 마음을
주지 않았으리라.
시간이 지나도
더해 가는 사랑이
눈을 멀게 한대도

세상은 더 화사하게
사랑의 노래를 연주한다.
귀뚜라미 소리가
익숙해질 때쯤
더 야릿하게 펼쳐질
둘만의 향연은
여행을 꿈꾸며 준비하는
흥얼거림으로
사랑을 외치겠지.
그래서 꽃은
사랑의 환희로 피어난다.

꽃은
사랑의 환희로 피어난다.

사랑이 무엇일까

가슴 적시고 가는
한 줄기 바람인 것을.

지금 그대로의 모습이
바람에 흔들리는
나뭇잎이라면
그건
당신 보고 싶어 흔들리는
여리고 여린 내 마음.
내 머리 위
별빛 유별나게 반짝인다면
깊어가는 여름밤도
당신이 죽도록 그리워
애가 타는 가여운 내 마음.
당신 앞에
먹구름
짙은 안개 밀려온다면
그대를 너무 사랑해서
그 마음 들켜버릴까 봐
당신 뒤에 숨어
발 동동 구르며 몸부림치는
순진한 내 마음
사랑은 알게 모르게
가슴 적시고 가는
한 줄기 바람인 것을.

사랑이라는 이름으로

온 누리에 희망의 전령사로
아낌없이 씨앗을 뿌릴 게다.

일찌감치 찾아온 저녁
굳게 닫힌 하늘
온종일 웃지 못하고
어둠을 맞이하는 게 더 슬픈 걸까.
창밖 어스름 빛 등에 업은 채
집으로 돌아가는 발길들은
더 지친 모습으로
피로와 함께 저문다.
그래도 솟아나는 기대에
지독하게 찌들어 숨겨진
민낯을 드러낼 세상은
환한 미소를 준비하고 있다.
이 밤 지나고
활짝 열릴 무지개 세상은
온 누리에 희망의 전령사로
아낌없이 씨앗을 뿌릴 게다.
말할 나위 없이 내 사랑은
가장 앞에 서서
환희의 노래를 부를 테지.
사랑이라는 이름으로.

사랑이란 놈

가을을 타는 것이라면
시간이 지나면 괜찮겠지만
영혼을 꼬집으며
삶을 눈물로 채우는
사랑이라는 녀석이
심장을 콕콕 찌른다.
가슴 속 쓰라림은
하늘도 막지 못할 그리움을
내 안에 안겨주었다.
전쟁 같은 사랑을 하려면
폭풍우 잠재울 수 있는
더 강력한 사랑을
연약한 마음
말 못 하는 애처로움을
피눈물 흘려서라도
잠기게 해야 하리.
후회 없는 가시밭길
내 하나의 사랑이기에
울렁거리는 마음에게
진정하라는 주문을 외워본다.
사랑은 모든 걸

덮어 버릴 거라고…
한결같은 마음으로
그대를 품는다.

영혼을 꼬집으며
삶을 눈물로 채우는
사랑이라는 녀석이
심장을 콕콕 찌른다.

사랑하는 사람아

당신 더 힘들어할까 봐
웃음으로 견뎌냅니다.

조용히 찾아온 하루
햇살로 대신하며
창문을 두드립니다.
석양 친구 삼을 때까지
마음이 시키는 일
아낌없이 해주어야 합니다.
보고 싶다고
안아주고 싶다고
아니 기대고 싶다고.
하지만
당신 더 힘들어할까 봐
웃음으로 견뎌냅니다.
그래요 당신 품에
나 한 번 꼬옥 안아줘요.
토닥토닥 등 두드리며.
하늘을 나는 기분일 거예요.
그냥 당신이 좋으니까.
그냥 마음이 놓이니까.
당신 사랑하니까.
오늘, 이렇게 살아요.

사랑할 수밖에

촌스런 표현이라 해도
또 그렇게 할 겁니다.

별빛 내리는 이 밤
다가오는 그대 모습은
그리움에 흠뻑 젖은
꿈꾸는 사랑입니다.
그대 곁에서
그대를 바라보며
그대와 함께함이
기쁨이며 행복이라고
고백할 수 있음은
촌스런 표현이라 해도
또 그렇게 할 겁니다.
그 어느 곳이든
그대와 나의
아름다운 공간이기에
그대와 이어진 모든 것
사랑의 흔적으로
발길을 멈추게 합니다.
그대를
사랑할 수밖에 없습니다.

사랑해

오늘 아무런 이유 없어도
심장을 열어
사랑한다 고백한다.

세상에서
가장 설레는 말이
사랑하는 사람에게 듣는
'사랑해'라는데
갑자기 눈물이 나는 건
사랑한다는 말이
너무나 정겨워서…
매일 가슴으로 울고
마음에 담아 놓아야
내가 품은 정인이
달아나지 않을 것 같아
오늘 아무런 이유 없어도
심장을 열어
사랑한다 고백한다.
사랑한다는 표현 없이
사랑을 한다는 건
사랑이 아니기에
사랑한다는 말을
소망으로 기다리며
고백한다.
당신,
진정 사랑합니다.

없고… 있고…

아무것 없어도
그대는 있다.

하늘이 있어도
내겐 없다.
숲이 있어도
내겐 없다.
바람이 불어도
내겐 없다.

아무것 없어도
그대는 있다.
부르지 않아도
그대는 있다.
눈을 감아도
그대는 있다.

이래도
저래도
그대는 있다.
내 사랑으로.

싸움

내 안에 싸움이 있다.
그래 놓아주자
아냐 그럴 수 없어
두 마음이 처절하다.
끝없는 싸움이지만
승부는 이미 정해졌다.
내 마음이
포기를 모르니
죽이 되든 밥이 되든
끝까지 갈 거다.
자존심이고 뭐고
처음부터 끝까지 가려고
만났던 사람이기에
어쩔 수가 없다.
안 그러면 아주 초라하게
죽을 수밖에 없기에
어떻게 죽더라도
하나밖에 모르는 진심을
다 내어주고 가야 하기에
나 살아서 고백해야 한다.
당신을 사랑했고

당신을 사랑하고
당신을 사랑할 거라고.
싸움은 끝났다.

당신을 사랑하고
당신을 사랑할 거라고.
싸움은 끝났다.

쌓여가는 사랑

비릿한 끈기가
여름을 나기 위해
처절히 몸부림치는
여리디여린 마음을
끈질기게 건드리며
지난여름 함께한
태양 아래 손잡음을
살며시 웃음 짓게 한다.
푸르디푸른 가슴은
내 안에 머물러
멜로디로 내려앉고
끝날 줄 모르는
연모의 안아줌으로
쉼 없이 흘러가며
돌아앉아 만세를 부른다.
아무리 머리를 흔들어도
떨쳐낼 수 없는
단 하나의 바보 같은 사랑은
운명적인 미련이라고
끝날까지 품고 가야 하는
밤을 넘겨야 하는 고독과 함께

달리고 또 달려갈
쿵쾅대는 심장 속으로
또 한 번 님의 이름 부른다.
이렇게 사랑은
소리 없이 쌓여간다.

또 한 번 님의 이름 부른다.
이렇게 사랑은
소리 없이 쌓여간다.

어느 가을 아침에

차창으로 비취는
아침 햇살이 따사롭다.
햇빛을 피해
다니던 때가 어제인데
계절은 소리 없이
태양을 품에 안고
묵묵히 제 길을
걸어가고 있다.
가로수 또한
청청한 옷을 내려놓고
금빛 축제를 위한
준비로 분주하다.
공원 벤치에 앉아
가을 아침을 감상하며
선선한 공기를 느끼며
하늘을 보니
푸르름 품고 있는 태양
곱게 안겨 온다.
어느 곳에서도
싱그럽게 서 있을 사람이
환한 미소 지으며

달려올 것만 같아
두근거리는 가슴으로
고개를 돌려 서성인다.
마음으로 품어
가슴으로 노래하고
사랑의 늪에 빠져 헤엄치며
더 짙은 가을 다가오면
추억의 여행길
함께 걸어가야겠다.
가을은
더 깊은 그리움을 몰고 온다.

더 짙은 가을 다가오면
추억의 여행길
함께 걸어가야겠다.

우리 사랑은

사랑은 끝이 없습니다.
사랑은 영원합니다.
많은 것 없다 해도
마음 포근한 그대가 좋구요.
어느 때라도 안겨
쉼을 누릴 수 있는
당신이 너무 좋습니다.
죽을 만큼 힘이 들 때
잔잔하게 안아주며
등 다독이며
힘을 불어넣어 주는
그대가 정말 좋습니다.
많은 것 바라지 않습니다.
언제나 그랬듯이
언제까지나 그 자리에서
웃음을 주고 꿈을 주는
그대가 너무 좋아요.
멀리 있을 때에도
마음으로 이름만 불러도
기분 좋아지는
그대가 너무 예뻐요.

한결같이 따뜻해서
늘 기대고 싶고
어느 때라도
함께 나눌 수 있는
순정 어린 동행 길에
다정함 가득 느끼며
숨 끊어지는 날까지
나만의 그대로
그대만의 나로 항상 곁에
두 손 꼭 잡고 마주보는
우리가 되어요.

마음으로 이름만 불러도
기분 좋아지는
그대가 너무 예뻐요.

우리는

우연 아닌
필연으로 만나
질기고 질긴
인연의 끈을 붙잡고
길고 긴 씨름을
해야만 했지요.
떨쳐버리려 해도
그럴수록 남겨지는 건
더 커지는 연정.
사랑을
포기할 수 있다면
그건 이 세상
가장 큰 비극.
마음 가는 대로 사는 게
아프지만 행복한 건
소중한 선택의
후회 없는 가슴 때문.
살아갈 날
조바심 옥죄여 와도
두렵지 않음은
당신이 곁에 있어

힘이 붙기 때문입니다.

웃음 안겨주기 위해

남아있는 날 동안

당신 하나만 생각할게요.

그대의 해맑은 미소가

그립습니다.

그럴수록 남겨지는 건

더 커지는 연정.

이 밤

별처럼 반짝이는
등불을 준비한다.

남은 시간 어떻게 보낼까.
내일은 또 어떻게…
견우직녀의
눈물겨운
만남 이야기를
이 밤에 생각하는 건
은하수 붙잡고 떠나고픈
그리움의 열정 때문.
커져만 가는 사랑은
인생이 무엇인지 묻는
사랑을 만나지 못한
서글픈 사람의 눈물 보며
사랑에 빠진 난
행복한 사람이라며
두고두고 새롭게 피어나는
별처럼 반짝이는
등불을 준비한다.
이 밤
사랑을 기도한다.

지금, 사랑하기에

나는 당신 앞에
벌거숭이

하늘이 옷 갈아입으려
묵은 때를 벗겨낸다.
싫다 울어도
뒤돌아보지 않고
처절하게 허물을 벗긴다.
그게 인생이라고.
그게 삶이라고.
아픈 만큼 성숙해진다고
아낌없이 껍질을 벗으란다.
그래야 새 살 돋는다고
진물 흘려도
딱지 떼어내야 산단다.
상처 입은 진액이 나와야만
맑은 피가 생명을 준다고.
지금,
나는 당신 앞에
벌거숭이
푸르른 마음으로 서 있다.

이렇게 사랑하렵니다

잠시 당신을 떨어져
안타깝지만
내 안에 숨 쉬는 당신을
웃을 수 있음에 감사합니다.
많은 사랑의 말
해주지 않아도
나를 바라봐 주는 것만으로도
행복하다고 말하겠습니다.
심장 타들어 가지만
더 좋은 것 해주지 못하는
안타까운 마음으로
눈물 흘리겠습니다.
지난날 아픔 있었지만
당신 손길로 치유되었기에
이제 내가 그대에게
가장 소중한
단 한 사람이 되기 위해
무조건 더 사랑하며
안아주겠습니다.
나 당신에게
당신을 진심으로 사랑한

가장 사랑스런 사람으로
당신 삶 속에 함께하는
단 한 사람으로 남겠습니다.

무조건 더 사랑하며
안아주겠습니다.

투병일기

모든 걸 내려놓을 수만 있다면
얼마나 좋을까…

약기운이 떨어졌나보다.
견딜 수 없는 통증이
정신줄을 끌고 가며
죽음의 맛을 보여준다.
숨 거두고 눈 감으면
고통은 사라지겠지만
살고 싶고 또 살고 싶다.
건강하게 살아나서
내 사랑을 만나야 하니까.
숨이 턱턱 막혀오는데
파도처럼 밀려오는 그리움이
눈물과 뒤엉켜 춤춘다.
머릿속이 백지가 된다.
모든 걸 내려놓을 수만 있다면
얼마나 좋을까…
너무 힘들다.
너무 아프다.
그래서 더 보고 싶다.
당신 손길이 그립다.
여보, 내 사랑…

하루를 살아도

보여줄 웃음이
남아있으면
그게 보람이지.

하루를 살아도
보여줄 웃음이
남아있으면
그게 보람이지.
오늘 하늘이 불러도
사랑한다 말하며
손잡아 줄 사람
곁에 있다면
그게 행복이지.
눈물 흘렸어도
가슴 쓸어 내렸어도
아파도 아프지 않은 건
내 안에서 벌어지는
사랑싸움 때문이지.
더 웃고 울고 아파도
보람,
행복
그 무엇이든
쭈욱 만들어갈 거야.

하나 되기 2

하늘을 집어삼킬 듯
땅덩어리는 뜨겁고
열기에 치여
지쳐버린 몰골들은
쉴 틈도 없이
푸념을 토해낸다.
태초에 피조물은
순리대로 살았는데
쓸모없는 환상과 욕심에
기쁨이 스러지고
처절한 징계의 땀방울만
피의 강물이 되어
찢어지는 웃음이 심장으로
젖어 들었다.
그래도 여전히
에덴의 본질을 그리워하는 건
눈뜨지 못한
태중의 본능 때문이리라.
둘이 하나 된
연정을 품지 못하고
하나로 하나 된

비련의 통곡 소리에
계절은 자기 자리
찾지 못하고 울고 있다.
하나되기란 이토록
고통스런 작업이다.
자~
어디 한번 떠나보자.

하나되기란 이토록
고통스런 작업이다.

하늘을 보세요

하늘을 보세요.
아름답지 않나요?
늘 푸르름은
꿈과 웃음이잖아요.
동행이 행복이라면
하나됨은 사랑이에요.
하늘 한번 바라보세요.
금방이라도 다가와
품을것 같지 않나요?
소담스런 열매는
간절한 소망이잖아요.
결실 가득한
햇빛 쏟아지는 들녘으로
행복한 나들이 함께 가요.
두 팔 벌려 하늘을 안아보세요.
이내 풍덩 빠져서
헤엄칠 것 같지 않나요?
꿈같은 희망에 젖어
녹아들어 가는 건
감격의 눈물이잖아요.
아픔 견뎌낸 미소는

가슴 벅찬 열망이잖아요.

금방이라도 문열어주고

안길 것 같아

지금 순간을

가장 복되다 생각해요.

하늘을 보세요.

마음 그 무엇이라도

내일을 향한 사모함은

뭉게구름으로라도 덮어준대요.

하늘 바라보길 정말 잘했네요.

하늘 한번 바라보고 웃어요.

그대의 가장 치명적인

매력이니까요.

늘 푸르름은

꿈과 웃음이잖아요.

하루 일기

눈 뜰 때 반겨주는
창문에 스미는 햇살.
늘 그렇지만
아침은 언제나
설렘을 준다.
오늘 하루 펼쳐질
일들 상상하며
아침 햇살로부터
기운을 받는다.
가슴 활짝 열어
머릿속 가득한
어제까지의 복잡함
시작이라는 출발선에서
뒤로 내고
좋은 일들만 있기를
소망하며
조용한 기도를 올린다.
분주함과 기다림은
점점 짧아지는 햇살을
더 서럽게 만들지만
그리움이 주는 힘은

너끈한 버팀목이 된다.
혼자만의 식탁이 쓸쓸해도
마음 속 사랑과
이야기 나누며
푸근함을 차곡히 쌓아간다.
짙은 어둠이 오면
그리움의 실체는
꼬옥 안아주어야 할
따스함으로 다가올 거다.
밤이 지나고
아침이 또 다시 밝아와도.

그리움이 주는 힘은
따스함으로 다가올 거다.

행복

하루라도
그대가 곁에 없는 날
가슴이 아려오는데
내일 다시 만날 거라는
희망으로 웃습니다.
잠시 떨어져 있음이
가슴 답답하고
그리워 너무 보고픈
여리고 슬픈 심장입니다.
눈길도
마음도
아무것 주지 않아도
끊임없이 웃음 지으며
꿈길에서도
그대를 그리워하는
어쩔 줄 모르는 마음
주저앉지 않을게요.
그대도 내 마음을
알 테니까요.
이게 사랑의 실체이고
기쁨이라고 말합니다.

그리움으로 녹아버린

가슴이라 해도

그대를 사랑함이

행복입니다.

그대를 사랑함이

행복입니다

한번쯤

한번쯤은 가까운 친구였으면
좋겠다.
매일

하루

또 하루

새벽이 소리 없이 왔다.

익숙하지 않은 고요함이

한번쯤 가까운 친구였으면

좋겠다.

오늘

그리고 또 오늘

아침이 빨리도 왔다.

긴긴 잠이 어색한

매일의 삶이

한번쯤은 가까운 친구였으면

좋겠다.

매일

그리고 항상

혼자만의 휴식이 왔다.

그리고

한번쯤

아니 늘 언제나

함께함의 따뜻함이면 좋겠다.

새벽 노래

하루의 시작은
새벽 노래로 젖어옵니다

소리 없이 찾아온 하루
새벽공기 가르며
그리움으로 열리고
마음을 다독이는
한 줄기 빛으로
무거운 눈꺼풀을
일으켜 줍니다.
쉼을 얻으려는 인생이
바로 나인 것을
지친 몸과 마음이
어린아이로 남고 싶은
투정 어린 고백을 한다.
첫 시간이 새롭듯
하루의 시작은
녹아버린 대지를
식혀주며 떠오르는
사랑의 시작을 부르며
지금 이 자리에
새벽 노래로 젖어옵니다.
그대의 향기를
가득 안고…

제3장

내가 사랑하는 사람

내가 사랑하는 당신이
그런 사람이면 좋겠다.
미칠 듯 가슴 시린 사랑으로
아프고 외롭게 울다가
힘들게 찾아낸 진실,
인생 그것은 스치는 바람이고
한 줌 흙으로 남는 여행이라고
너무 짧아서 미워할 시간도 없다고
사랑하기에도 부족한 시간.
오늘도 심장 터질 때까지
당신을 부르며 달려간다.

오늘 하루도

당신 덕분에 행복하고 말 거다.

지난밤 피곤함 사라지고
아침 활짝 열었다.
그대를 향하는 길이
기대되는 것은
그대를 위한 무언가를
할 수 있는 설렘 때문.
이 세상 때 묻은 건강은
어떡하든 떨어내야 한다.
사랑이 아파하지 않을
그런 세상을 만들고 싶다.
고통의 힘든 일상이라도 좋다.
사랑 하나만 생각하며
다시 일어선다.
서럽고 폭폭한 가슴 있어도
한결같은 정성으로
소망의 그 날 바라보며
한마음으로 묵묵히 길을 나선다.
오늘 하루도
당신 덕분에 행복하고 말 거다.

오늘도 나는

오늘도 나는
당신의 힘으로
걸어갑니다.
어제 함께
정겨웠는데
이 밤 당신이
또 그립습니다.
어제도 그랬고
오늘도
그리고 내일도
당신은 나의 힘입니다.
지금 이 순간
당신이 있어
행복합니다.

그리고 내일도
당신은 나의 힘입니다.

오늘도 시를 쓴다

모든 걸 다 주고
여기까지 함께한
예쁜 당신이기에

오늘도
마음으로 시를 쓴다.
웃음이 있고
눈물이 있고
아픔도 있고
행복에 겨운 춤도 있다.
죽음보다 깊은 처절함이 있고
무조건 살아야만 할
인생의 의미도 있다.
때로는 견딜 수 없음에
안녕이라 쓰고 싶은데
마음 주고
정을 주고
모든 걸 다 주고
여기까지 함께한
예쁜 당신이기에
또다시
사랑한다 말하며
책장을 넘긴다.

미친 그리움

들풀만 봐도
폭풍처럼 밀려옵니다.

동녘 해 뜰 때부터
황혼이 저무는
꿈속에서도
당신이 보고 싶어요.
매 순간 벅찬 그리움은
바람에 뒹구는 낙엽
바람에 살랑이는
들풀만 봐도
폭풍처럼 밀려옵니다.
열병을 앓듯
식을 줄 모르는 그리움을
잠시라도 멈추려 하지만
꿈꾸는 동안 사라질까
서글픔이 밀려옵니다.
하루 온종일
당신을 그리워하며
보내려 합니다.

오늘은

오늘은
누군가의 투정이
그립습니다.
줄기찬 빗줄기
한바탕 휘몰아간
바람 끝을 따라
떨쳐낼 수 없는
금쪽같은 얼굴 스칩니다.
금방이라도 달려와
안기며 웃어주는
행복하기만 한
내 하나의 사람입니다.
오늘은
누군가의 웃음이
그립습니다.
따스한 햇볕 내리고
한 모금 향기로운
찻잔 끝에 어리는
아름답고 풋풋한
꽃잎 같은 사람입니다.
가을 하늘 흐려도

끝없는 그리움
영원한 사랑이라며
저무는 계절 울리는
삶의 흔적입니다.

오늘은
누군가의 웃음이
그립습니다.

우리 사랑은 2

산을 넘고
강을 건너
하나 된 동행.

들녘
이름 모를 들꽃으로 피어
바람결 하늘거림으로
밤사이 맺은 이슬 보내고
아침 햇살에 영롱이는
수정 같은 눈동자로
웃음 짓는다.
너무 아픈 가슴으로
찬바람 견뎌냈기에
한 송이 꽃을 피우기 위해
가슴속 다 드러내놓고
얼룩진 상처 감싸 안아
소리 없이 품에 안긴다.
소리 내어 울고 싶어도
지난날 시련 생각나
그저 바라만 봐도 살 것 같은
우리 사랑은
가시에 찔린 피울음.
내려놓을 수 없는 정으로
산을 넘고
강을 건너
하나 된 동행.

가을비 내리고

가을비는 그리움에 멍든
날들을 어루만지며

하늘이 운다.
여름을 보내려고.
이 비 그치면
하늘이 웃을까.
가슴 한구석 아려오는
사랑 노래 들으며
그리움을 불러야겠다.
쓸쓸한 마음은
곁에 두고 보듬어 줘야할
생애 하나뿐인
눈물겨운 내 사랑을 위한
빈자리로 남겨 두어야 하리.
침침한 눈을 비비며
울렁이는 심장을 부둥켜안고
보고 싶다 외치는 나그네라면
살며시 곁에 다가가
꿈에서라도 함께 나눈
사랑이야기를 들려주리.
가을비는 그리움에 멍든
날들을 어루만지며
거리를 적신다.

가을비 내린 후

가을의 문턱을 넘어선 날
행복한 동행으로
흘러가는 시간이 아쉽다.
해도 짧아져 야행으로
시각이 어둡지만
마음으로 두 손 잡은
함께함의 시간은
서로에게 충분히
따뜻한 선물이고
바라만 봐도
웃음 지을 수 있는 기쁨이다.
일 분 일 초가
아깝기만 한 순간들은
잔뜩 찌푸린
밤하늘이 서러워하며
멈춰버리면 좋을
둘만의 노래로 달래며 수놓는다.
밤사이 뿌린
가을비 젖은 산등성이 흔적은
가을을 더 빨리 재촉하며
어서 오라 부른다.

예쁜 산길
계곡 흐르는 물소리는
풀 내음 흙냄새와
오묘한 조화를 이루며
가슴을 시원하게
머릿속을 깨끗하게 해준다.
이렇게…
이렇게…
가을이 저물어 가기 전에
가슴을 녹이는
더 아름다운 여행을 준비하며
그대를 부른다.

일 분 일 초가
아깝기만 한 순간들
그대를 부른다.

가을을 노래하다

조금씩 도망가는 여름.
붙잡으려 해도
시간은 제 갈 길 간다.
나이를 생각하는 삶
결코 행복하지 않기에
오늘을 청춘으로 사는 게
얼마나 기쁜 일인지
졸린 눈 치켜세운다.
주름 늘어가는 외모
서럽고 두려운 게 아니라
그저 본능에 살아가는
꿈 없는 사람이 무섭다.
매일 만나는 아침
가을의 심장이
어느 때보다 뜨거운 건
새롭게 다가올 계절
사랑의 열병
심하게 앓고 있기 때문.
가을을 노래하며
만남을 예비하고
인연을 이야기하며

사랑의 추억을 만들어 먹는다.
바라보며 동행하는 날 동안은
뒤돌아보지 않고 묵묵히
찬바람 마주쳐
가슴이 멍들어도
따스한 입김으로 풀어줄
소중한 만남 있기에
한 사람만 바라보며 달린다.
단 하나의 사랑으로.

찬바람 마주쳐
가슴이 멍들어도
따스한 입김으로 풀어줄
소중한 만남 있기에

그대는…

그대는 이미 내 안에
사라지지 않을
사랑을 심어주었습니다.

지난밤 내린 비가
사랑을 더 향기롭게 합니다.
그대 처음 만난 겨울날
한 송이 향기로운 꽃 피었는데
언제나 내 안에
시들지 않는
사랑의 꽃이 되었습니다.
이별은 그 어떤 것이라도
너무 아프기에
언제까지나 한마음으로
둘이 하나로 끝날까지
그대를 안아줄 겁니다.
그대는 이미 내 안에
사라지지 않을
사랑을 심어주었습니다.

내 사랑

그놈의 질긴 인연이
우리 사랑의 줄을
칭칭 동여매고 있으니
아파도 너무 좋다.

부르고 싶은 그 이름
내 사랑.
세월이 약이라는 말은
그거 아니다.
시간이 흐를수록
심장을 더 파고드는
그대만의 자리.
누군가 그랬다.
끊어낼 수 없는 인연은
죽어서라도 함께한다고.
차라리 인연이 아니라면
아프지도 않을 텐데
그놈의 질긴 인연이
우리 사랑의 줄을
칭칭 동여매고 있으니
아파도 너무 좋다.
알아달라고 하는
못난 사랑이 아니기에
그저 사랑한다고
환한 웃음으로 말한다.
내 사랑이기에.

그대를 만나고

그대를 만나고
세상이 살만한 곳
아름다운 곳이란 걸
알았습니다.
그대를 만나서
기쁨을 알았고
따뜻한 마음 품었습니다.
그대를 만나고
사랑의 동행이
얼마나 소중한지를
알았습니다.
그대를 만나고
살아있는 행복과
내 안에 늘 숨쉬는
절절한 보고픔이
흠뻑 젖어있음을
알았습니다.
그대를 만나고
그대를 생각하며
기다리는 이유를
알았습니다.

그대를 만나고
그대를 꿈꾸며
언제까지나 사라지지 않을
사랑이 내 안에 있음을
알았습니다.
그대를 만난 것이
나를 살리는
사랑이며 축복이기에.

그대를 만나고
그대를 꿈꾸며
언제까지나 사라지지 않을

그리운 얼굴

동그라미 그리려다
무심코 그렸다는
노랫말이 생각나네요.
얼마나 그리웠으면
그랬을까요.
여기 그보다 더한
사람도 있네요.
거리를 걸어도
스치는 사람들도
온통 한 사람만을
생각나게 하네요.
눈을 감으면
동행의 순간들이
반복되어 돌아가는
카세트테이프처럼
가슴을 적시는데
눈뜨면 사라질까봐
눈 못 뜨고 잠을 청합니다.
꿈길에서는
그리운 얼굴 끝도 없이
바라볼 수 있으니까요.

옛사람들 얘기하던
상사병이라는 녀석이
가슴깊이 새겨지는
까닭을 알았어요.
그리운 얼굴은
그리움을 선물해 주고
구멍 뚫린 가슴을
채워주는 손길입니다.
당신은 영원한
그리운 얼굴입니다.
그리운 얼굴 덕분에
오늘도 행복합니다.

그리운 얼굴 덕분에
오늘도 행복합니다.

그림자 잡기

스물네 시간 쪼개어
가장 많은 눈길을
어디 두고 살았는지
생각에 젖어든다.
생존인지 생활인지
가끔 처량하게
신세 한탄도 해보지만
그 역시 살아있다는
증거이기에
서럽게 주저앉아
울지 않는다.
살아야 할 이유가
충분한 것은
자연의 순리와
창조의 섭리 때문.
한낮 따가운 햇빛
얼굴 그을려도
숨길 수 없고
가릴 수 없는 표정은
사랑하는 사람
발자취를 밟아가는

마음 편하고
행복한 시간 간직한
소년의 꿈 나래…
안아줄 수 없다면
그림자와 하나 되어
끝없는 동행을
소원하며 기도하는
소박하고 정열적인
희망사항은
하나둘
열매 맺는 열심히
햇살 가득한 날
두 개의 그림자 멈추고
하나의 모습으로
함께한다.
이 밤 달빛 아래
그림자 잡기는
쉼 없이 이어진다.

두 개의 그림자 멈추고
하나의 모습으로
함께한다.

그립다

새삼 꽃피는 계절
그리워지며
끝없는 향기 속에서
바람 맞으며
달리고 싶다.
따뜻한 당신 마음에
고운 정 새기고
내 마음
가득 채워주고 싶다.
멀리 떨어져
당신 손 잡을 수 없다면
온 몸 휘저어서라도
심장 깊은 자리에
꽃비 되어 내리는 향기를
꿈이라도 좋을
행복을 그리며
그 안에 잠들고 싶다.
둘만의
하나 된 열정으로
세상이 변하고
모든 것 잊힌대도

깊이 새겨진 그리움으로
아름답고 사랑스런 사람
언제까지나
당신 품에 잠드는
행복한 사람이고 싶다.

새삼 꽃피는 계절
그리워지며

동행

사랑은 감상이 아니기에
처음 만남의 매력에 빠져
더 이상 허덕이지 않고
지금 이 순간
사랑에 빠지는 겁니다.
설렘이 사라지고
더이상 긴장감이 없다면
이미 사랑은 날아가 버린 겁니다.
사랑은 나중이 아니라
지금 만들어져 가는
현재 진행형이기 때문입니다.
오늘 사랑할 수 없다면
내일은 더 사랑할 수 없기에
심장 부르트고
쓰디쓴 눈물 흘려서라도
달리고 또 달려야 하는
나만의 행복 잔치.
매일을 오늘로 살 수 있다면
그대를 가득 담은 마음은
천년이 지나도 오늘처럼
선홍빛 열기를 뿜어내며

생생하게 살아 숨 쉴 겁니다.
사랑은 이렇게 가슴 뛰게 하며
그대만의 향기를 안겨주는
참 좋은 동행입니다.

사랑은 나중이 아니라
지금 만들어져 가는
현재 진행형이기 때문입니다.

내가 사랑하는 사람

가슴 무너지는 때에
터벅터벅 걷다 주저앉아도
미안하지 않고
떼를 써도 부담스럽지 않고
어쩌다 혼절을 해도
뒷일이 걱정되지 않는
그런 사람이면 좋겠다.
내가 사랑하는 당신이
그런 사람이면 좋겠다.
미칠 듯 가슴 시린 사랑으로
아프고 외롭게 울다가
힘들게 찾아낸 진실,
인생 그것은 스치는 바람이고
한 줌 흙으로 남는 여행이라고
너무 짧아서 미워할 시간도 없다고
사랑하기에도 부족한 시간.
오늘도 심장 터질 때까지
당신을 부르며 달려간다.

내가 사랑하는 당신이
그런 사람이면 좋겠다.

사랑아 3

사랑아~
그대 있으매 여기 내가 있다.

붉은 노을의 동행
그저 바라만 봐도
정겨움을 안았다.
그대 가녀린 숨소리는
깊어가는 꿈나라 자장가로
피곤한 삶을 다독이며
눈빛 하나로 찬바람 묻어두고
두 손 꼬옥 잡아 주었다.
어제가 그리운 건
또 한편의 내일을 만드는
그리움의 본심 때문.
사랑아~
어제의 마음을 나눈 것으로
오늘 아쉬움이 사라졌다면
오늘 멀리서 그대를
그리워함으로
내일 더 깊어질 사랑을
마음 가득 노래로 채우리라.
사랑아~
그대 있으매 여기 내가 있다.
언제나 그 자리에…

묻어두는 사랑

시간이 흘러
잊힐 수 있다면
수십 년의 세월아
어디 한 번 가봐라.
잊히는 거라면
그건 사랑이 아니다.
사랑은 시간을 먹을수록
더 깊은 그리움을
가슴에 새겨주는 것,
그래서 사랑은 눈물겹고
진심 어린 유치함이다.
시간이 흘러
보고 싶지 않다면
수백 년의 세월아
어디 한 번 가봐라.
보고 싶지 않은 거라면
그건 사랑이 아니다.
사랑은 시간이 더할수록
가슴 도려내는 고백으로
꼬옥 안아주며
더 많은 눈물 흘려야 할

이상한 행복계산법이다.

그래서 사랑은 살아있고

그래서 사랑은 절절하다

그래서 사랑은 가슴 뛰고

그래서 사랑은 솔직하다.

그래서 사랑은 묻어두는 거다.

사랑이니까…

그래서 사랑은 묻어두는 거다.
사랑이니까…

삶, 여행

영혼의 빈자리는
다시 채워져야 한다.

밀려오는 무력감,
쏟아 내놓은
영혼의 빈자리는
다시 채워져야 한다.
흘러넘치도록.
힘든 시간,
부딪힘 속에서
다듬어져 가며
혼자라는 느낌이
힘겹게 밀려오면
견뎌내야 하는 아픔은
하늘에 늘어뜨린다.
인생은
고독을 노래하고
강 건너의 자리를
슬퍼하며
마음은 늘 곁에 있지만
보이지 않는
지금 이 자리는
끝없이 찾아
품어주어야 할
사랑여행의 종착역.

새벽단언

영원한 사랑
언제까지나…

그리움 부르는 어둠
싸한 가슴
마음의 울림
눈가의 이슬
입가의 미소
절절한 노래
뜨거운 바람 식혀주는 시
평안을 부르는 이름
잡아주고 싶은 가녀린 손
시원하게 해주고픈 발
빠져들고 싶은 눈
훔치고 싶은 입술
잠들고 싶은 가슴
안아주고 싶은 당신
하나 되고 싶은 열망
오직 한 사람 하나의 기쁨
영원한 사랑
언제까지나…

새날을 시작하며

언제나 그랬듯
새로 시작하는 날은
마음을 다잡아 주는
힘이 있습니다.
묵은 찌꺼기 던져버리며
하루를 엽니다.
시간은 늘 그 자리에서
심심한 삶을 움직이고
세상 편한 자세로
한 번쯤 늘어지고 싶은
쫓기며 아등대는
도시인의 심정을 헤아립니다.
얼마나 더 달려가야
꿈을 이룰까 고민하는
하루살이 인생의
나락으로 변해버린
아주 고약한 습관을
벗어버려야
다가오는 새로운 날을
웃을 수 있을 겁니다.
기쁨 누릴 수 있는

행복 아이가 되기 위해
사랑의 꽃을 가까이하며
잘 가꾸고 보살펴야 합니다.
새로 밝은 날도
꽃은 언제나
가슴 깊은 곳에
향기로 피어나기에.

사랑의 꽃을 가까이하며
잘 가꾸고 보살펴야 합니다.

아가에게

열린 창문으로 찾아온
옷깃을 세우는 바람에
당신 따뜻한 손 잡고 싶은
자정을 넘긴 시간이
적막하기만 하다.
간간이 들리는
지나는 사람들의
취기 가득 의미 없는 대화가
씁쓸한 인생 뒷골목 보여줄 때
내 사람이 얼마나 아름다운지
떨림을 가져다준다.
세상 몰라 좋았던
엄마 품 배내 웃음을
추억하고 싶은 건
사랑을 받기만 했던 때가
가장 순박한 시절이기 때문.
사랑을 주기만 하는 어미도
그 하나로 행복을
노래했기 때문이고.
아가는 그렇게 사랑을 먹으면서
무럭무럭 자라났는데

내 안에 있는 아가에게
그런 어미 새가 되고 싶은 건
오늘 나의 진심이다.
아가야~ 사랑한다.

사랑을 주기만 하는 어미도
그 하나로 행복을
노래했기 때문이고.

아름다운 사람

아름다운 사람이
나에게 왔다.

천 번 만 번 부르고
또 불러도
아름다운 사람.
앉아도 일어서도
걸어도 뛰어 봐도
아름다운 사람.
떨어져 있어 못 봐도
늘 곁에 있어도
아름다운 사람.
한낮의 분주함에도
꿈길의 만남에도
아름다운 사람.
가시를 주어도
상처를 주어도
아름다운 사람.
웃는 얼굴도
찌푸린 얼굴도
무표정한 얼굴도
아름다운 사람.
긴 침묵도
선율을 노래하는 순간도

아름다운 사람.
땀 흘리는 모습도
지쳐 잠든 모습도
아름다운 사람.
하얀 천사가 되어도
무지개 빛깔 공주가 되어도
아름다운 사람.
곱게 화장한 얼굴도
자연스런 민낯도
아름다운 사람.
전갈하게 음식 먹는 모습도
다소곳 차 한 잔 마시는 모습도
아름다운 사람.
그 무엇보다
내 안에 깊이 안겨있는
아름다운 사람.
아름다운 사람이
나에게 왔다.

행복한 사람 2

나는 행복한 사람입니다.
사랑의 아픔을
느낄 수 있으니
사랑도 못해본 사람보다
눈물겹도록
행복한 사람입니다.
나는 행복한 사람입니다.
아직까지도
마음을 졸이고 있으니
무덤덤한 광야에
서있는 사람보다는
가슴 시리도록
행복한 사람입니다.
나는 행복한 사람입니다.
열려있는 마음을
읽을 수 있으니
짝사랑 외사랑
가슴 아픈 사람보다는
죽도록 행복한 사람입니다.
나는 행복한 사람입니다.
혼자라는 생각을

한 번도 못해봤으니
늘 혼자라는 아픔을 알고
외로워하는 사람보다는
정말 행복한 사람입니다.
나는 행복한 사람입니다.
사랑한다 말할 수 있는
한 사람 있으니
스스로에게
넋두리를 내놓는 사람보다는
기쁨에 겨워 눈물짓는
행복한 사람입니다.

나는 행복한 사람입니다.
사랑한다 말할 수 있는
한 사람 있으니

황혼에 부르는 노래

조금씩 길어지는
낮의 꼬리는
피곤한 두 눈
아랑곳 않고
서쪽 하늘로 잠들어가며
어둠을 다정스레
부르고 있습니다.
스물네 토막의 움직임은
그 어느 것 하나
의미 없는 숨소리로
남겨놓지 않고
삶의 보람을
차곡 쌓아갑니다.
아침의 설레는
기대가 있었기에
석양 눈부신 햇살이
정말 포근합니다.
황혼으로 물들어가는 그림자는
오늘도 역시
그리움의 몸짓을 노래합니다.
이렇게 하루의 끝이

아름다운 것은
사랑에 빠져있는
순진한 마음 때문입니다.

황혼으로 물들어가는 그림자는
오늘도 역시
그리움의 몸짓을 노래합니다.

회복

여름 먼지에 쩌들어
초록을 잃어가던
도심 가로수들이
한바탕 몰고 간 소나기에
마지막 힘을 얻었다.
이토록 생명은
끈질기게 노래하고
지난 밤 함께 한
온기 넘치는 자리는
메마른 땅을 적셔주는
소망의 축제.
삶이 고달픈 건
가진 게 없어서가 아니라
열정적인 사랑의
상실감에서 오는
마음 둘 곳 모르고
울어야만 하는
가슴 부서지는
아픔 때문이리.
또 다시 어둠이
찾아 왔어도

고독하지 않은 건
아름다움과 향기를
전부 내어준
한 송이 사랑의 꽃 때문.
꽃은 오늘도
사랑으로 피어난다.

고독하지 않은 건
한 송이 사랑의 꽃 때문.